AF306155

LA POLITIQUE

DE

LA RÉVOLUTION

LEÇON D'OUVERTURE

DE

COURS D'HISTOIRE MODERNE

PROFESSÉ

A LA FACULTÉ DES LETTRES

PAR M. HENRI MARTIN

Auteur de l'Histoire de France qui a obtenu le grand prix Gobert

---

PARIS

FURNE ET C° ÉDITEURS

RUE SAINT-ANDRÉ-DES-ARTS, 55.

1848

LA POLITIQUE

DE

LA RÉVOLUTION

R. F.

—

MESSIEURS,

Nous allons assister ensemble à la lutte des deux politiques qui se disputent le gouvernement du monde. Nous verrons comment les principes de la Révolution se sont posés en face des principes contraires, et comment la sainte-alliance des rois s'est formée pour étouffer en germe la sainte-alliance des peuples!

Dans ces jours héroïques où la France entreprit ce que n'avait jamais conçu aucun peuple de la terre, où la France tenta de se refaire de ses propres mains, d'après les types éternels et absolus du vrai et du juste;

La première Assemblée constituante du peuple français, après avoir, en présence et sous les auspices de l'Être suprême, formulé les principes de la

1848

liberté naturelle et de la liberté politique, dans la *Déclaration des droits de l'homme et du citoyen.*

Après avoir aboli, dans la nation, les castes et les corps privilégiés, abaissé les barrières civiles et politiques qui séparaient les citoyens, proclamé la souveraineté du peuple, et courbé devant la majesté nationale l'antique royauté,

L'Assemblée constituante du peuple français, s'adressant à l'humanité tout entière, déclara :

Que le peuple français renonçait à entreprendre aucune guerre dans un but de conquête, et n'emploierait jamais ses forces contre la liberté d'aucun peuple.

Le monde n'avait jamais entendu de telles paroles, depuis la formation des sociétés politiques.

Ces paroles annonçaient que la nouvelle société française, qui aspirait à se fonder sur les principes de justice et de liberté, voulait appliquer ces principes au delà comme en deçà de ses frontières, et faire qu'il n'y eût plus qu'un seul droit et qu'une seule morale dans les relations publiques comme dans les relations privées, dans les relations des peuples comme dans celles des citoyens.

Le 29 août 1791, après que Louis XVI eut échoué dans sa tentative pour aller chercher à la frontière la protection des armées étrangères,

Les deux grands souverains de l'Allemagne, réunis en conférence à Pilnitz avec les chefs des

transfuges français armés contre leur patrie,
Publièrent la déclaration suivante :

DÉCLARATION DE PILNITZ.

L'Empereur et le roi de Prusse, ayant entendu les désirs et les représentations de MONSIEUR et de monsieur le comte d'Artois, déclarent conjointement qu'ils regardent la situation où se trouve maintenant le roi de France, comme un objet d'un intérêt commun à tous les souverains de l'Europe. Ils espèrent que cet intérêt ne peut manquer d'être reconnu par les puissances dont le concours est réclamé, et qu'en conséquence elles ne refuseront pas d'employer, conjointement avec l'Empereur et le roi de Prusse, les moyens les plus efficaces, proportionnés à leurs forces, pour mettre le roi de France en état d'affermir, dans la plus parfaite liberté, les bases d'un gouvernement monarchique également convenable aux droits des souverains et au bien-être des Français. Alors, et dans ce cas, leurs dites Majestés sont décidées à agir promptement et d'un mutuel accord, avec les forces nécessaires pour atteindre le but proposé et commun. En attendant, elles donneront à leurs troupes les ordres convenables pour qu'elles soient prêtes à se mettre en activité.

MESSIEURS,

Toutes les autres royautés du continent et les républiques aristocratiques adhérèrent au manifeste des deux monarques. L'Angleterre seule, l'empire du fait, refusa de lier sa politique à un principe.

Cette déclaration annonçait que les rois, sans renoncer à entreprendre, chacun pour son compte, ces guerres de conquêtes que s'interdisait la France, se reliaient entre eux par un nouveau principe, contraire au principe de la France, et s'engageaient à employer en commun leurs forces contre les peuples qui prétendraient s'élever à la liberté.

Deux systèmes internationaux, deux droits des gens, furent donc mis en présence dans ce moment solennel.

Deux systèmes, tous deux nouveaux, tous deux ayant pourtant, nous le verrons, de fortes racines dans le passé.

Ces deux systèmes étaient : le droit des rois, le droit des nations;

Le système des monarchies, le système de la Révolution.

Comparons-les, messieurs, dans les principes et dans les applications, dans les origines théoriques ou historiques, et dans les conséquences réalisées ou réalisables.

Faisons le tour de ces deux mondes ennemis qui s'opposent l'un à l'autre, comme le monde de la lumière et celui des ténèbres dans les théogonies de l'antique Orient.

Le système des rois repose sur deux bases juxtaposées dans le manifeste de Pilnitz : l'une est l'intérêt commun des souverains; l'autre, le droit des souverains.

Selon que l'on creuse sous l'une ou l'autre de ces bases, on arrive à des origines qui semblent bien contradictoires, bien impossibles à associer. Si c'est l'intérêt dont on recherche la théorie, on arrive, nous ne voulons pas dire à Machiavel, dont l'immoralité n'est que du désespoir; Machiavel, c'est le patriotisme désespéré qui pactise avec l'esprit du mal pour obtenir son secours décevant! on arrive à Hobbes, l'apôtre de la négation, qui, niant toute idée générale autre que la fatalité, et, par conséquent, tout droit, réduit tout à l'intérêt individuel : on arrive à ce sombre penseur qui, ne pouvant trouver à l'ordre moral, dans l'homme ni dans la société, aucune raison d'être, se réfugie dans l'ordre matériel, et fait de la société une geôle dont le despote est le geôlier, afin qu'elle ne soit pas une arène continuellement ensanglantée. L'intérêt et la volonté du despote, dans l'intérieur de chaque société, l'intérêt commun des despotes réunis, dans les relations générales des sociétés, sont l'unique loi reconnue par cette théorie au bout de laquelle est l'absorption des divers despotes par un despote universel.

Si l'on s'attache au contraire à fouiller le principe, non plus de l'intérêt, mais du droit des souverains, on arrive à la *Politique de l'Écriture sainte*, à Bossuet, au droit divin de la royauté, droit fondé à la fois sur le respect des puissances établies prêché par les premiers chrétiens, et sur la préférence supposée de Dieu pour la forme monarchique,

la plus conforme, dit-on, au gouvernement céleste.
Cette doctrine fait du roi l'image de Dieu. Si l'on
pose cependant, en face de l'Être absolu et infini, la
multitude des êtres finis, il semble évident que le
multiple ne peut reproduire l'image imparfaite de
l'unité que par l'association harmonique de ses élé-
ments vivants, tous égaux par nature. Tous les êtres
finis sont égaux devant l'infini. La doctrine monarchique s'y prend autrement; elle fait descendre
Dieu de son infinité sous la figure d'un homme,
d'un roi; puis elle choisit arbitrairement, ou plutôt
elle laisse désigner par la fatalité de la naissance
un certain être que Dieu avait fait tout semblable
aux autres, et prétend que cet être soit à lui seul
l'image de l'Être suprême.

La conclusion logique de la doctrine du droit
divin des rois, c'est ou l'absorption des royautés
diverses dans une monarchie universelle, si les
États divers sont des faits transitoires, ou la sainte-
alliance des rois, la confraternité des couronnes
contre toute force antimonarchique, si le partage
du globe en États divers est dans les plans de la
Providence. C'est à ce second point de vue que
s'arrêtent les signataires de Pilnitz.

Ces deux données, si différentes, de l'intérêt et
du droit des couronnes, se rejoignent dans la prati-
que; car, pour l'une, point d'autre droit que le fait,
produit nécessaire de la fatalité; pour l'autre,

identité du droit et du fait. Par le fait, se manifeste
la volonté divine, qui impose au peuple les puissances établies, en faisant de la'révolte un sacri-
lége. C'est encore la fatalité, au moins la fatalité
politique, que le libre arbitre des peuples doit su-
bir par devoir. Comme dans certaines doctrines
religieuses, on ne reconnaît ici le libre arbitre que
pour lui faire un mérite de s'immoler.

Donc, si un peuple manque à ce devoir de sou-
mission ou menace ce fait de l'autorité établie, —
si un peuple attaque et ce droit et cet intérêt for-
mulés dans le manifeste des monarques, que devront faire ceux-ci? — Ils devront intervenir, tous
et chacun, dans le régime intérieur du peuple re-
belle, pour y arrêter tout mouvement contraire au
principe monarchique. — Les anciens théoriciens
politiques favorables au respect des pouvoirs éta-
blis, Bodin, Grotius, avaient, en niant le droit de
révolte aux sujets contre le prince, admis le droit
d'intervention des princes étrangers entre le prince
oppresseur et les sujets opprimés; conception du
droit international, qui niait au fond le principe
des nationalités au profit d'une espèce de répu-
blique des princes chrétiens faisant, dans les cas
extrêmes, la police les uns chez les autres. — La
donnée de Bodin et de Grotius est retournée par
Léopold et par Frédéric-Guillaume. L'intervention
que les vieux théoriciens admettaient pour secou-

rir les peuples opprimés par leurs rois, le manifeste
de Pilnitz la proclame pour secourir les rois opprimés par leurs peuples, et pour remettre ces rois
dans leur pleine liberté. On sait ce qu'on entendait,
dans la langue des légistes du moyen âge, par la
liberté d'un roi. La liberté d'un roi, c'était de
n'être arrêté par aucune barrière dans l'exercice
de sa volonté. La liberté d'un roi, c'était la liberté
d'être seul libre dans son royaume; la liberté de
l'aigle qui ne souffre point de compagnon ni de
partage dans son domaine aérien. — Les rois n'a-
vaient pas cessé de comprendre ainsi leur liberté.

Ce n'est pas tout, messieurs : — Si les rois ont
des droits vis-à-vis les uns des autres, ils ont des
devoirs réciproques. — Elle est tellement sacrée,
leur liberté royale, qu'ils en doivent compte à
toutes les couronnes; ils n'en ont que le dépôt, et
ne la peuvent aliéner; ils ne peuvent lier la royauté
par des lois, par des chartes, même volontairement
consenties. La sainte-alliance des rois a droit d'empêcher chacun de ses membres de nuire à la
royauté. Elle a droit d'empêcher partout de naître
les germes antimonarchiques, ou d'étouffer les
germes déjà éclos, et aucun roi ne peut, sans for-
faiture envers la cause commune, fermer ses frontières aux exécuteurs des hautes-œuvres de la ligue
royale, s'il ne peut ou ne veut faire l'ouvrage lui-
même.

Le dernier mot du manifeste de Pilnitz, c'est donc la destruction de toute indépendance nationale;

Et, au besoin, la destruction des nationalités mêmes.

Si, en effet, un peuple remuant et séditieux refuse absolument de se plier aux conditions de la monarchie, et montre sans cesse à ses voisins le dangereux exemple de ses révolutions, si l'existence de ce peuple est démontrée incompatible avec l'intérêt commun des couronnes, on peut, à la dernière extrémité, le démembrer et l'effacer de la carte du globe. Le droit de conquête reparaît à la suite du droit d'intervention, comme la dernière déduction logique du droit commun des monarchies.

Voilà le système international des rois.

Voyons maintenant le système de la Révolution.

La nation française, aux termes de la déclaration proclamée par la Constituante, renonce à entreprendre aucune guerre dans un but de conquêtes, et n'emploiera jamais ses forces contre la liberté d'aucun peuple.

La nation française abjure donc le prétendu droit de conquête; elle sépare ces deux termes contradictoires, associés en dépit de la nature des choses; elle met d'un côté le droit, de l'autre la conquête; d'un côté le droit imprescriptible de l'homme, de l'autre l'assujettissement violent de l'homme à l'homme. — La nation française condamne toute réunion de territoires opérée par la force matérielle, malgré la volonté des populations que l'on réunit : — elle condamne toute entreprise d'un peuple sur la liberté d'un autre peuple.

C'est-à-dire que la nation française reconnaît comme inviolable toute existence nationale, et comme illégitime toute intervention violente d'un peuple dans le régime intérieur d'un autre peuple. Non-seulement l'existence, mais l'indépendance respective des nations, est placée ainsi en dehors et au-dessus des chances de la fortune. La conséquence de ces principes, c'est qu'en cas de guerre, le droit de la victoire se borne à la réparation de l'injure ou du dommage, et ne s'étend point jusqu'à la destruction des libertés du vaincu.

La France efface ainsi les derniers vestiges du cruel droit des gens de l'antiquité. La première phase du droit des gens, c'est le meurtre du vaincu ; la seconde, c'est son esclavage ; la troisième, c'est la perte de la nationalité avec conservation de la liberté civile ; c'est là qu'en étaient restés les théoriciens du XVIIe siècle. Grotius reconnaît encore le droit de conquête. — Quelques philosophes, à l'aurore du XVIIIe siècle, commencent à élever la voix en faveur du droit inadmissible que la force ne peut jamais prescrire. Locke, il lui faut rendre cette justice, plus grand par le noble sentiment politique qui l'anime que par sa métaphysique erronée, Locke, sans remonter jusqu'à l'essence même du droit, nie courageusement que la conquête fonde aucun droit, et maintient le droit éternel de tout peuple conquis à recouvrer sa liberté. Fénelon a porté le même jugement contre les conquêtes, en se plaçant, il est vrai, à un point de vue opposé au nôtre, au point de vue de l'ancien ordre de choses établi en Europe. — Quelques penseurs isolés avaient donc témoigné en faveur du vrai et du juste, mais, pour la première fois, en 1790, l'utopie du philosophe devient la doctrine politique d'un grand peuple.

Avions-nous tort d'énoncer que les deux systèmes contrastaient comme la lumière avec les ténèbres?

L'abîme qui sépare ces deux conceptions politiques semble plus profond encore en tout sens à mesure que le regard y plonge. Sous l'opposition manifeste entre le droit des rois et le droit des peuples, il existe une autre opposition cachée, dont ceux qu'elle sépare n'ont pas aussi nettement conscience, et qui explique et supporte, pour ainsi dire, tout le reste; c'est comme un abîme sous l'abîme.

Pour les rois, il n'y a dans le monde politique que des États; pour la Révolution, il n'y a que des nations.

Pour les rois, il n'y a que des États.

Qu'est-ce qu'un État? — Un État, c'est quelque

chose d'artificiel, qui n'existe point par soi et de
soi, qui est et pourrait ne pas être, qui augmente
ou diminue selon les circonstances ou selon l'habi-
leté de ceux qui le gouvernent; une sorte de machine composée de pièces de rapport qu'ont ajustées
la force, la ruse ou le hasard. Dans cette machine,
il n'y a qu'un seul être réel, qui en est l'âme; dans
cette chose morte, il n'y a qu'un droit vivant; c'est
le prince.

Tout État un peu robuste a pourtant, de fait, un
certain principe central, une certaine population
dominante qui lui sert de support, sans quoi il sé-
rait dépourvu de toute cohésion et de toute durée;
mais les princes ne voient dans cette population, plus
immédiatement attachée à leur autorité ou à leur
race, qu'un instrument pour envahir autour d'eux,
sans mesure et sans limites, les populations voisines.

Les États, tels que les conçoivent les princes,
n'étant point des êtres vivants, ne sont donc soumis
à aucunes lois naturelles, et par conséquent à aucunes lois morales; aussi la raison d'État est-elle
devenue le type proverbial de l'immoralité, la négation même de toute morale.

Si, pour les rois, il n'existe que des États, pour la
Révolution, il n'existe que des nations. Tout en lais-
sant subsister encore pour quelques jours une ombre
de royauté, la Constituante a proclamé la souveraineté du peuple. Si le peuple, si chaque peuple

est souverain, c'est donc aux nations, êtres vivants, et non aux abstractions nommées États et personnifiées dans les princes, à transiger librement entre elles.

Mais qu'est-ce qu'une nation? — C'est là, messieurs, la question fondamentale de la politique.

Pourquoi la conquête, pourquoi l'intervention étrangère, sont-elles illégitimes?

Parce que violenter, mutiler, tuer une nation, c'est violenter, mutiler, mettre à mort une créature de Dieu. — Les États sont l'ouvrage des hommes; les nations sont l'œuvre de Dieu. Toute agrégation d'hommes réunis par des circonstances extérieures, ne constitue point une nation.

Des types distincts ont été marqués dès le berceau commun, par une main divine, entre les divers fils de l'Adam biblique, de l'homme primitif. La diversité des langues a marqué, dès les temps antéhistoriques, la diversité de l'esprit des races humaines: la race et la langue ont été ainsi le fondement des nationalités, sans en être l'élément unique; car la communauté d'idées et de sentiments a suffi pour amener des portions de races étrangères à se fondre dans un autre peuple, et les nations ont souvent dû leurs gloires les plus éclatantes à des enfants d'adoption qu'elles n'avaient pas portés dans leur sein. Enfin les domaines géographiques, plus ou moins nettement tracés par la main de la Providence, et les influences de climat, ont achevé de former et de limiter les nationalités.

A travers toutes les transformations, toutes les révolutions, chaque nation conserve des caractères indélébiles qui la distinguent de toute autre. Le Français n'est qu'un Gaulois modifié par l'éducation romaine et chrétienne. Sa vivacité mobile, qui le doue d'une éternelle jeunesse, sa sociabilité, son initiative universelle, n'ont jamais changé : portant deux hommes en lui, il est à la fois l'homme du sentiment sympathique et passionné, et l'homme de l'esprit critique et du sens commun ; tel il était avant même que le nom de France existât, tel il sera toujours.

Ces caractères indiquent le rôle, ou, comme l'a dit avec énergie un philosophe, la fonction de la nationalité française.

Le monde, messieurs, a débuté par une ère d'antagonisme et de guerre universelle. Les peuples, au commencement, s'opposent les uns aux autres par les idées plus encore que par les races ou par les langues. Les idées apparaissent d'abord sous une forme exclusive et en se niant réciproquement, comme si elles n'étaient pas toutes filles de la vérité universelle. Les Grecs, les premiers, commencent à chercher les rapports au lieu des différences : le génie sympathique des Gaulois, nos pères, manifeste une tendance semblable ; puis Rome et le christia-

nisme mêlent les peuples; mais bientôt l'antagonisme renaît avec les nationalités sur les débris de
l'empire romain.

La mission de la France, fille aînée du christianisme, c'est de réconcilier les nations, comme le
christianisme a réconcilié les hommes. C'est d'être
entre toutes les nations, ses sœurs, un lien fraternel,
un lien qui n'enchaîne pas, mais qui unit. Heureux
peuple que celui dont la gloire ne repose pas sur
l'abaissement d'autrui! La France n'a besoin de
diminuer personne pour grandir. Sa grandeur augmente en se communiquant; son cœur est trop vaste
pour tenir renfermé dans sa poitrine, il faut qu'elle
le répande dans l'univers. Plus elle se donne à
autrui, plus elle est fortement elle-même; plus elle
se dévoue à servir l'humanité, plus sa nationalité
éclate dans ce qu'elle a d'impérissablement distinct.
Elle n'a pas seulement le cœur sympathique entre
toutes les nations, elle est elle-même, pour ainsi
dire, le cœur du genre humain où s'élabore le sang
qui se répand dans les veines du corps universel.
La France est le laboratoire vivant où se forge
l'idée qu'elle livre aux nations après l'avoir fabri-
quée au prix de sa sueur et de son sang, et, ce qui
fait sa grandeur véritable, c'est qu'elle est cela et
qu'elle veut l'être; c'est que cette mission de dou-
leurs augustes, elle l'a volontairement acceptée de
ain du Créateur.

Puisse-t-elle approcher enfin, et le genre humain avec elle, des temps meilleurs où chaque progrès ne sera plus acheté au prix d'un martyre !

C'était bien à un tel peuple qu'il appartenait de proclamer la prohibition des conquêtes et l'inviolable respect des nationalités.

Ici, messieurs, se présente une question délicate et qu'on ne saurait éviter. — Tout accroissement est-il interdit aux nations ?—Les nations ne doivent pas s'accroître les unes aux dépens des autres, c'est évident : — Mais n'y a-t-il pas des groupes de populations qui ne sont pas de vraies nations ? — qui n'ont à elles en propre ni race, ni langue, ni idées, ni frontières déterminées, et qui ne semblent séparées que par accident des nations auxquelles elles paraîtraient devoir se rattacher ? — Il est vrai, cela est ainsi. — Le droit de conquête renaîtrait-il donc  pour les nations dont nous parlons, à l'égard de ces groupes qu'elles jugeraient nécessaire de s'adjoindre pour se compléter ?

Dans les siècles passés, ces réunions appelées par la force des choses, la force des hommes, le glaive et l'intrigue, les ont souvent consommées ; mais c'était, il faut bien le dire, les procédés d'un état de barbarie, de barbarie relative, tout au moins. Les réunions ainsi opérées ne se sont vraiment légitimées que par l'adhésion postérieure des populations réunies, par la parfaite égalité qui leur a été accordée avec le reste de la nation, et par leur fusion effective dans le sein de la mère-patrie. Les réunions les plus naturelles et les plus nécessaires ne doivent s'opérer que par la libre volonté des populations. S'il est souverainement criminel d'attenter à une nationalité, il n'est pas légitime de violenter des associations liées par un lien sans doute moins sacré et moins indissoluble, mais qui, toutefois, ne doivent arriver que d'elles-mêmes à se renouer aux vraies sociétés nationales.

Les hommes de la Constituante n'entraient pas si avant dans ces distinctions que nous avons essayé de le faire. Satisfaits d'avoir puissamment défini l'homme et le citoyen, ils ne poussaient pas plus loin les définitions métaphysiques, et allaient au vrai, en vrais Français, par le sentiment plus que par la science; mais ils y allaient d'un pas bien assuré et d'un cœur bien résolu.

Cependant, messieurs, il importe de le dire, leur belle déclaration est insuffisante pour exprimer le génie et la mission de la France. La déclaration des rois, bien qu'embarrassée et peu accentuée dans la forme, est complète pour le mal, et porte en elle tous ses développements nécessaires. La formule de la Constituante, au contraire, attend un complément; elle est négative, en ce sens qu'elle dit seulement ce que la France ne fera pas, et ne dit pas ce que la France fera. Elle semble justifier jusqu'à un certain point le reproche adressé avec excès, suivant nous, à la Constituante, de né s'être préoccupée que de la liberté, en négligeant sa sœur immortelle la fraternité, et d'avoir négligé les devoirs pour ne songer qu'aux droits. — Que dit, en effet, la Constituante ? — Elle dit que la France libre renonce à porter atteinte à la liberté d'autrui. — Est-ce assez ? — Non, car cette formule permettrait à la France de laisser partout autour d'elle s'opérer l'invasion et la conquête sans y porter obstacle. — Ce n'est pas assez de ne pas commettre l'injustice, il faut l'empêcher et en prévenir le retour. — Ne faites pas à autrui ce que vous ne voudriez pas qu'autrui vous fît ; — c'est bien ! — Faites à autrui ce que vous voudriez qu'on vous fît ; — c'est mieux.

Donc, à ce principe : les nations doivent respecter leur liberté réciproque : restait à ajouter cet autre principe : les nations doivent s'entr'aider pour maintenir ou recouvrer leur liberté réciproque. Le génie souverainement actif et sympathique de la France aspirait de toutes ses forces à ce complément de sa pensée. — Que les peuples scellent donc une alliance fraternelle contre l'intervention étrangère et la conquête, comme les rois ont scellé un pacte pour intervenir et pour envahir ! — La France n'en restera pas à cette alliance défensive. Bientôt, en présence de la coalition des rois avec les factions rebelles contre la démocratie française, la redoutable héritière de la Constituante, la Convention nationale, tentera la coalition de la France avec les démocrates de tous les pays contre la royauté et l'aristocratie. Elle lancera dans le monde la propagande armée, et offrira le secours de la France à tous les peuples qui veulent recouvrer leur liberté intérieure opprimée par les rois : la Constituante était restée en deçà des principes. La Convention les dépassera, emportée par les nécessités de la plus légitime et de la plus sainte résistance. Mais la propagande armée, reconnaissons-le hautement, ne sera, dans ses mains, qu'une arme de guerre, qu'un moyen de défense autorisé accidentellement par le caractère de la lutte qu'elle doit avoir à soutenir. Dans l'état normal des relations internationales, la propagande des idées est seule légitime : la liberté est un fruit qui doit avoir ses racines dans le sol, et ce n'est point à l'épée étrangère qu'il appartient d'ouvrir le sillon où elle doit germer!

Nous parlons, il importe souverainement d'éviter ici toute équivoque! nous parlons de la liberté intérieure et non de l'indépendance nationale. C'est un droit pour les nationalités opprimées d'invoquer le bras des nations indépendantes; c'est un devoir pour celles-ci de répondre à l'appel selon leurs forces.

Nous avons comparé les deux systèmes des rois

et des peuples, et les idées sur lesquelles ils reposent. Figurons-nous maintenant ce que serait la société européenne exclusivement régie par l'un ou par l'autre système, vainqueur de son rival. — Sous le système des rois alliés, un niveau universel de compression rabattant contre terre toute libre pensée, rasant toute originalité nationale! Les pays nominalement indépendants sont contenus les uns par les autres, grâce à un système militaire habilement combiné, sous la domination collective des rois alliés; les pays envahis en châtiment de leurs rébellions se voient imposer des maîtres au nom et dans l'intérêt commun des couronnes; les pays complétement conquis et démembrés sont en butte à une tyrannie tour à tour brutale et perfide. Ici, où les mœurs sont douces et la civilisation avancée, on recourt à une démoralisation savante; on emploie les populations conquérantes à maintenir sous le joug les populations conquises, en donnant à celles-ci les vices des esclaves, à celles-là les vices des sbires et des geôliers. Ailleurs, où le pouvoir monarchique s'appuie sur des masses encore barbares, on renouvelle en pleine civilisation moderne les monstrueuses violences des antiques despotes orientaux; on fouille jusqu'au tuf le pays conquis pour en arracher la nationalité; on envoie en exil au désert, non plus même les tribus et les familles captives, avec la consolation du commun exil, mais les

pères séparés de leurs enfants, les enfants enlevés
des bras de leurs mères! On tourmente des peuples
entiers jusqu'à la mort, parce qu'ils ne veulent pas
renier la langue, le nom et le cœur qu'ils ont reçus
de leurs aïeux!

Le monde sait si nous traçons ici un tableau ima-
ginaire. Nous avons vu régner ce système, un peu
mitigé et déguisé, il est vrai, jusque dans nos mu-
railles, quand Dieu punit la France d'avoir oublié
ses principes dans l'ivresse de sa gloire; nous l'avons
vu depuis, nous le voyons encore, dans toute sa
cynique audace, chez les plus chers et les plus mal-
heureux de nos amis!

Quel aspect offrirait, au contraire, une société
européenne organisée selon le système de la révolution? — Elle offrirait le plus beau spectacle qui se
puisse voir sur la terre, le spectacle d'un monde de
paix et de liberté, où l'indépendance n'est pas l'iso-
lement, mais la libre et fraternelle association, où
chacun est garanti par tous, où tout envahissement
est arrêté à l'instant par la réprobation et l'opposition générale. Chaque peuple apporte son con-
tingent à l'œuvre commune, au perfectionnement de
la civilisation générale; chacun contribue de ses
aptitudes spéciales, de ses dons particuliers. L'Italie
donne le génie des arts, l'amour du beau ressaisi
par elle avec la liberté. L'Allemagne apporte la
profondeur, la persévérance, la subtilité du raison-

nement, le développement indéfini des facultés idéalistes; l'Angleterre, l'activité infatigable, la force de volonté appliquée à la domination des forces extérieures de la nature; la France, enfin, donne la puissance d'initiative, de compréhension et de propagande universelle qu'elle puise dans l'amour universel qui l'anime; l'amour, qui la fait donner à tous, recevoir de tous, servir de lien à tous. Les races slaves, se développant de jour en jour, transforment par leur propre génie et se préparent à rendre à l'Occident ce qu'elles lui ont emprunté avec une merveilleuse faculté d'imitation ; leurs instincts de fraternité, effaçant de sombres souvenirs, promettent au monde comme une vaste France orientale dont la Pologne serait le centre.

Les haines internationales apaisées, les institutions et les usages opposés qui se rapprochent, les distances qui se suppriment, les efforts bienveillants des peuples pour se comprendre et s'imiter, ne présagent pas, avons-nous besoin de le dire? la fusion de l'Europe ni du genre humain en une seule masse indistincte. La diversité nécessaire des nations ne peut disparaître: l'unité sans la variété serait le chaos; la variété, c'est la vie.

Les nations, telles que nous avons essayé de les définir, ne sauraient donc être destinées à s'absorber dans le gouvernement du genre humain, et l'Europe de la Révolution ne nous apparaît pas sous

une autre forme que celle d'une confédération où
les intérêts communs et les différends des peuples
seraient réglés par une amphictyonie librement acceptée de tous. Les pouvoirs de ce grand tribunal
international ne seraient évidemment point illimités.

De même que l'autorité nationale qui règle les
relations civiles et politiques des citoyens, ne peut
empiéter sur certaines réserves de la personne hu-
maine, par exemple sur les droits de la conscience;
ainsi, la confédération ne pourrait empiéter sur
certaines réserves de la nationalité, sur les formes
du gouvernement intérieur, sur la disposition que
chaque peuple fait de ses facultés, de son activité
et de ses richesses naturelles, sur ce qui fait le
propre de chaque peuple, pour ainsi dire. — Il y
aura toujours une part à laisser au bon vouloir de
chacun dans les rapports internationaux comme
dans les rapports individuels; tous les devoirs ne
peuvent être écrits dans la loi. Il est des obligations
morales qui ne sauraient avoir leur sanction que
dans la conscience de l'homme. Ainsi en est-il de
certains secours que les peuples ont à attendre les
uns des autres, et de certaines relations, de certains
échanges auxquels ils n'ont pas le droit positif de
se contraindre réciproquement, et qu'ils n'ont pas
le droit moral de refuser sans motifs graves. Ce
devoir d'assistance et d'échange, en effet, n'est pas
illimité; il a pour limite un droit ou plutôt un de-

voir positif (tous les droits ne sont-ils pas en même temps des devoirs?), c'est-à-dire le devoir de conservation. Assurer sa conservation particulière pour pouvoir se consacrer au bien général, pour pouvoir se dévouer à l'ensemble du genre humain, c'est, pour chaque peuple, réunir le devoir et le droit. — Pour se dévouer, il faut être, — être soi.

L'Europe, nous le croyons avec une foi inébranlable, marche vers cet idéal.

Un jour le monde entier, comme l'Europe, ne formera sans doute qu'une seule famille, et atteindra ce dernier terme du progrès politique :

L'unité du genre humain par les nationalités fraternellement associées.

Nous sommes loin encore de cet idéal !

Voici bientôt soixante ans que dure le combat entre l'Europe des rois et l'Europe de la Révolution; entre les héritiers de la Constituante et les héritiers de Pilnitz. La sainte-alliance des rois est brisée en éclats, mais les rois s'efforcent encore de retenir, d'une main convulsive, les lambeaux des peuples qu'ils se sont partagés par la force ou la fraude; et la sainte-alliance des peuples, invoquée, proclamée de toutes parts, n'est point organisée encore.

Nous allons parcourir ensemble les premières phases de cette lutte, non point de la lutte matérielle, mais de cette lutte des idées qui éclate dans les décrets des assemblées, dans les déclarations des princes, dans les livres des publicistes, avant de descendre sur les champs de bataille. Nous essaierons de suivre l'essor des principes français à travers le monde. Nous verrons comment la France, apôtre de la vérité, de la justice et de l'humanité, fut emportée, par les nécessités et les passions de la lutte, à quelques déviations d'abord facilement réparables; puis, comment l'excès d'une grandeur due à de justes victoires, l'influence d'un sublime mais décevant génie, et la passion même du progrès universel, égarée dans le choix des moyens, la jetèrent hors du vrai chemin de la Révolution, c'est-à-dire hors d'elle-même, et l'entraînèrent à redevenir conquérante sur une échelle immense, — elle qui avait pris pour devise l'abolition des conquêtes. Nous verrons comment ses principes furent retournés contre elle, et comment la ligue des rois, unie à la grande aristocratie d'Angleterre, prît le masque de la Révolution pour abattre la France révolutionnaire travestie en France impériale. Immense méprise des nations et de la France, avant tout, de la France qui avait oublié le droit par elle enseigné au monde, et qui croyait continuer sa mission civilisatrice en mêlant les nationalités dans un nouvel empire romain!

Faiblesse de l'humanité, impuissante à suivre la droite ligne vers l'idéal! Exemple éclatant entre tous les exemples de l'histoire! — S'il abat notre orgueil, qu'il n'abatte pas notre cœur! — Que de fois la France s'est laissé égarer par la passion ou décourager par la fatigue dans le cours de sa longue carrière! mais toujours elle a retrouvé sa voie; toujours elle s'est relevée avec un cri sublime pour reprendre sa route éternelle, et guider de nouveau le cortége des nations. — Elle a prouvé à deux reprises, depuis dix-huit ans, par de prodigieuses marques, l'élasticité infinie du ressort moral que Dieu lui a donné. — Soumise à son tour, en expiation de ses erreurs, aux humiliations de la défaite, elle était descendue jusqu'à devenir non-seulement la victime, mais l'instrument de la ligue des rois; la bouche auguste dont étaient sorties les déclarations de la Constituante et de la Convention, avait été condamnée à balbutier au delà des Pyrénées les principes de Pilnitz. La Révolution n'avait plus d'asile en Europe. Tout à coup, de cette même bouche s'élance un cri de liberté. La France redresse l'étendard de la souveraineté du peuple; la sainte-alliance des rois recule et n'ose renouveler Pilnitz; tous les peuples frémissent d'espérance... plusieurs se lèvent... Mais l'effort de la France n'est pas soutenu : elle s'affaisse sur elle-même, engourdie par des vapeurs délétères; la souveraineté du peuple reste un vain nom, et l'Europe demeure ou retombe sous la main des rois ligués... — Il y a quelques semaines à peine, à quel abaissement n'étions-nous pas réduits! La France ne comptait plus dans le monde. Les rois daignaient lui permettre de s'éteindre en silence, comptant qu'elle ne se réveillerait plus !...

Vous savez si elle s'est réveillée. Avec quel cri formidable elle a ressaisi dans sa réalité cette souveraineté populaire dont elle n'avait embrassé que l'ombre en 1830 ! Au seul retentissement de cette voix, le monde politique s'est ébranlé jusque dans ses derniers fondements ; deux grandes monarchies absolues se sont écroulées, et l'histoire a franchi des siècles en quelques jours. Le droit international de la Révolution a conquis plus de terrain depuis que cette année a commencé son cours, qu'il n'avait fait en cinquante ans de combats. Les frontières morales de la France, de la pensée française, ont été en un instant reportées jusqu'à la Vistule. Nos anciennes conquêtes gagnées, puis reperdues par le canon, sont reconquises par l'idée, et la Providence nous donne ce spectacle d'une de ces magnifiques péripéties par lesquelles elle seule est capable de dénouer le drame de l'histoire. Vienne et Berlin, double berceau de l'alliance des rois et des principes de Pilnitz, Vienne et Berlin, saisis d'une fureur divine, s'élancent vers l'idéal de la Révolution, et répondent par un cri fraternel à l'appel que Paris leur a jeté par-dessus les fleuves, les montagnes et les impuissantes forteresses de la tyrannie !

Merveilleuses victoires, justes et saintes conquêtes que la force ne nous a point données, que la force, s'il plaît à Dieu, ne nous ravira pas! La lutte des deux principes, des deux droits, semble avancer vers son terme. Ne nous endormons pas cependant, fils de l'Europe nouvelle! Le jour du repos n'est pas venu, et, nous l'avons dit tout à l'heure, la sainte-alliance des peuples n'est pas encore fondée. Le principe ennemi tentera encore bien des efforts dans l'Europe centrale pour sécher dans ses racines l'arbre nouveau de liberté et de fraternité, pour séparer les mains fraternelles qui commencent à se joindre. Il y a toujours un noir nuage à l'horizon; de grandes forces ennemies apparaissent dans le lointain, organisées et intactes. La délivrance de l'Italie n'est point achevée, la Pologne n'est pas délivrée de son martyre sans fin, et les conquérants barbares osent encore, en face de la jeune Europe, parler des nationalités éteintes qui ne revivront pas!

Elles revivront; mais le temps n'est pas venu de cesser la veille des armes. France, Allemagne, et toi, sœur bien-aimée, qu'on n'appelait que la belle Italie, qu'on appellera désormais, comme aux temps antiques, la forte et vaillante Italie, serrons-nous, et tendons la main, mais la main armée, à toute nation qui veut être indépendante dans l'Europe d'Orient; appelons à nous nos sœurs du nord et du midi, et fondons enfin sur les ruines de la sainte-alliance des rois la sainte-alliance des peuples!

www.ingramcontent.com/pod-product-compliance
Ingram Content Group UK Ltd.
Pitfield, Milton Keynes, MK11 3LW, UK
UKHW021027120726
13693UKWH00005B/2247